Les Monologues du vagin

Les Monologues du vagin

Eve Ensler

Les Monologues du vagin

Traduit de l'anglais (États-Unis)
et adapté par Dominique Deschamps

DENOËL
& D'AILLEURS

La première édition française des *Monologues du vagin* est parue en 1999 aux Éditions Balland. La pièce a été créée en France, sur la scène du Théâtre Fontaine, le 20 juin 2000, dans une adaptation sensiblement différente de la première traduction. C'est le texte de cette adaptation scénique que les Éditions Denoël ont choisi de publier aujourd'hui.

Titre original :
The Vagina Monologues

Éditeur original :
Villard Books/The Random House Publishing Group
© 1998, 2001 by Eve Ensler

Pour la traduction française :
© *Éditions Denoël*, 2005

Pour Ariel, qui chavire mon cœur
et met mon vagin dans tous ses états

Introduction

« Vagin. » Voilà, ça y est, je l'ai dit. « Vagin »
— je le redis. Depuis que je travaille sur cette
pièce, je le dis encore et encore. Je le dis au
théâtre bien sûr, dans des facultés, dans des
salons, dans des cafés, dans des dîners, à la
radio, dans beaucoup de pays. Je le dis à la télé
quand on me permet de le faire. Je le dis cent
vingt-trois fois quand je donne ce spectacle,
Les Monologues du vagin, qui est fondé sur les
interviews de plus de deux cents femmes à
propos de leur vagin. Je le dis dans mon som-
meil. Je le dis parce que je suis censée ne pas le
dire. Je le dis parce que c'est un mot indicible
— un mot qui provoque l'angoisse, la gêne, le
mépris et le dégoût.

Je le dis parce que je crois que ce qu'on ne dit
pas, on ne le voit pas, on ne le reconnaît pas, on

9

ne se le rappelle pas. Ce qu'on ne dit pas devient un secret et les secrets souvent engendrent la honte, la peur et les mythes. Je le dis parce que je veux pouvoir un jour le dire naturellement, sans éprouver un sentiment de honte et de culpabilité.

Je le dis parce que je n'ai pas trouvé un mot qui soit plus général, qui décrive réellement toute cette zone et tout ce qui la compose. « Chatte » serait certainement un mot bien meilleur, mais il véhicule trop de choses. « Vulve » est un bon mot ; plus spécifique. Mais je crois que la plupart d'entre nous ne savent pas clairement ce qu'inclut la vulve.

Je dis « vagin », parce que depuis que j'ai commencé à le dire j'ai découvert à quel point j'étais morcelée, à quel point mon esprit était déconnecté de mon corps. Mon vagin était quelque chose là-bas, loin, très loin. Je vivais rarement en lui, je ne lui rendais même pas visite. Trop occupée à travailler, à écrire ; à être une mère, une amie. Je ne voyais pas mon vagin comme ma ressource essentielle, un lieu de subsistance, d'humour et de créativité. C'était une chose lourde, là, chargée de peur. J'avais été violée, petite fille, et bien que j'aie grandi et que j'aie fait tout ce qu'une adulte peut faire avec son vagin, je n'étais jamais vraiment revenue dans cette partie de mon corps après avoir été violée. En fait, j'avais vécu presque toute ma vie sans mon moteur, sans mon centre de gravité, sans mon deuxième cœur.

Je dis « vagin » parce que je veux que les gens me répondent et ils le font. D'une façon ou d'une autre. Ils ont tout fait pour censurer le mot dans la communication, là où passaient *Les Monologues du vagin* : dans la pub des grands quotidiens, sur les affiches, sur les billets, sur les enseignes des théâtres, sur les répondeurs où une voix disait seulement *Les Monologues* ou *Les Monologues du V.*

Et quand je demande : « Pourquoi ? "Vagin" n'est pas un mot pornographique. Ce n'est qu'un terme médical qui désigne une partie du corps, comme "coude", "main" ou "côte". »

On me dit : « Ce n'est peut-être pas pornographique, mais c'est sale. Si nos petites filles l'entendent, qu'allons-nous leur dire ? »

Et je réponds : « Vous pouvez peut-être leur

dire qu'elles ont un vagin. Si elles ne le savent pas déjà. Et aller fêter ça tous ensemble. »

Et ils me disent : « Oui, mais nous n'appelons pas leurs vagins "vagin".

— Vous les appelez comment ?

— "Le zizi", "le fri-fri", "le pipi", "la coucounette"… et ainsi de suite. »

Je dis « vagin » parce que j'ai lu les statistiques. Partout, les vagins subissent de mauvais traitements. Des centaines de milliers de femmes sont violées chaque année dans le monde. Cent millions de femmes ont subi des mutilations génitales. La liste est longue. Je dis « vagin » parce que je veux que cessent ces horreurs. Et je sais qu'elles ne cesseront pas tant que nous n'admettrons pas qu'elles existent. Et le seul moyen de le savoir, c'est de permettre aux femmes de parler sans peur d'être punies ou sanctionnées.

Ça fait peur de dire le mot. « Vagin. » La première fois, vous avez l'impression de vous écraser contre un mur invisible. « Vagin. » Vous vous sentez coupable et en tort, comme si quelqu'un allait vous frapper. Et puis, peu à peu, quand vous avez dit le mot une centaine ou un millier de fois, il vous apparaît que c'est *votre* mot, *votre* corps, *votre* moi le plus essentiel. Vous prenez soudain conscience que toute la honte et toute la gêne que vous éprouviez avant, en disant ce mot, n'étaient qu'une façon de réduire au silence votre désir et de saper votre ambition.

Alors, ce mot, vous commencez à le dire de plus en plus. Vous le dites avec une sorte de passion, une sorte d'urgence, parce que vous sentez que si vous cessez de le dire, la peur va à nouveau s'emparer de vous et vous allez retomber dans le murmure embarrassé. Alors, vous le dites chaque fois que vous le pouvez, vous le placez dans toutes les conversations.

Vous êtes tout excitée par votre vagin. Vous voulez l'étudier, l'explorer, faire sa connaissance, apprendre à l'écouter et à lui donner du plaisir, pour qu'il reste en bonne santé et garde sa force et sa sagesse. Vous apprenez à le satisfaire vous-même, puis vous expliquez à votre amant comment le satisfaire.

Vous êtes consciente de votre vagin tout au long de la journée, où que vous soyez — dans votre voiture, en faisant les courses, à la gym, au travail. Vous ressentez cette partie de vous entre vos jambes, précieuse, superbe, donneuse de vie et ça vous fait sourire. Ça vous rend fière.

Et quand de plus en plus de femmes diront le mot, le dire ne sera plus un problème. Il fera partie de notre vocabulaire, partie de notre vie. Nos vagins seront alors intégrés, respectés et sacrés. Ils feront enfin partie intégrante de nos corps, connectés à nos cerveaux, alimentant nos esprits. La honte disparaîtra et les violations cesseront, parce que les vagins seront visibles et réels et qu'ils seront associés à un discours féminin plein de puissance et de sagesse.

Nous avons un long voyage devant nous.

Et ceci, c'est le commencement du voyage. Voici le lieu pour penser à nos vagins, pour apprendre grâce à ceux des autres femmes, pour écouter des histoires et des points de vue, pour répondre à des questions et pour nous en poser. Voici le lieu pour s'affranchir des mythes, de la honte et de la peur. Voici le lieu pour s'entraîner à dire le mot, parce que, comme chacun sait, c'est le mot qui fait avancer et c'est le mot qui rend libre. « VAGIN. »

LES MONOLOGUES

DU VAGIN

Vous êtes inquiets, hein ? *Moi*, j'étais inquiète. C'est pour ça que j'ai commencé à écrire cette pièce. J'étais inquiète à cause des vagins. J'étais inquiète à cause de ce qu'on en pense, et peut-être même encore plus inquiète à cause de ce qu'on n'en pense pas. J'étais inquiète à cause de mon propre vagin. J'avais besoin de trouver une sorte de contexte — de communauté, de culture du vagin. Il y a tellement d'ombre et de mystère autour d'eux — un peu comme le Triangle des Bermudes. Personne n'en revient jamais pour vous en parler.

D'abord, ce n'est pas si facile de trouver son vagin. Les femmes restent des jours, des semaines, des mois, voire des années sans le regarder. J'ai interviewé une grande femme d'affaires. Elle m'a dit qu'elle n'avait pas le temps. « Se regarder le vagin ? Mais c'est un travail énorme, ça demande au moins une journée de boulot, ça. Faut s'allonger sur le dos, devant une glace verticale, en pied de préférence. Faut trouver la position idéale, la lumière idéale, qui est masquée par la glace. Ou alors, c'est votre corps qui fait de l'ombre. Faut se tortiller. Se soulever la tête, on se fout le dos en l'air. Non, c'est épuisant. » Elle était trop occupée. Elle n'avait pas le temps.

Alors, j'ai décidé de faire parler des femmes, de les faire parler de leur vagin, de faire des interviews de vagins. J'ai causé avec plus de deux cents femmes et c'est devenu ces *Monologues du vagin*. J'ai fait parler des femmes âgées, des femmes jeunes, des femmes mariées, des femmes seules, des lesbiennes, des professeurs, des actrices, des cadres, des professionnelles du sexe, des femmes noires, des femmes jaunes, des femmes blanches, des femmes chrétiennes, des femmes musulmanes, des femmes juives. Au début, ces femmes étaient un peu timides, elles avaient du mal à parler. Mais une fois lancées, on ne pouvait plus les arrêter. Les femmes adorent parler de leur vagin. Ce qui les excitait le plus c'est que jamais personne ne leur avait demandé ça avant.

Commençons justement par le mot « vagin ». « Vagin. » Au mieux on dirait le nom d'une infection, ou d'un instrument chirurgical : « Infirmière, vite, passez-moi le vagin. » « Vagin. » « Vagin. » Vous pouvez le répéter autant que vous voulez, il n'a jamais l'air du mot que vous voulez dire. C'est un mot absolument ridicule, fondamentalement antisexuel. Essayez de le dire pendant que vous faites l'amour — « Chéri, caresse-moi le vagin ! » — Vous foutez tout par terre, tout de suite.

J'étais inquiète à cause des vagins, comment on les appelle et comment on ne les appelle pas.

J'ai demandé aux femmes comment leurs mères appelaient leurs vagins quand elles étaient petites. Ici on les appelle des « minous ». Une femme m'a raconté que sa mère lui disait tout le temps : « Ne mets pas de culotte sous ton pyjama, ma chérie ; il faut t'aérer le minou. »

Dans le Nord, on dit le petit coin, le poudrier, au Sud, la foufoune, le mistigri. Ici, le zizi, le pioupiou, la languette, là, le kiki, la pou-

pounette, le zigouigoui. J'ai trouvé la crapou-
nette, la bibiche, le mimi, la boîte à malice, le
tutu, le turlututu, la bécassine, le pipi, le fri-fri,
le bijou, le bonbon, la bébête, la nénette, la
minette, la foufounette, la minouchette, la
chounette, la chatounette. Ici on dira la coucounette, et ailleurs la cracounette.

Vous voyez, je me suis beaucoup inquiétée à
cause des vagins.

J'ai écouté très attentivement ce que toutes ces femmes avaient à me dire. Certains de ces monologues sont très proches de l'interview d'origine, d'autres sont composés à partir de plusieurs interviews. Il y en a qui partent d'un élément sur lequel je me suis amusée à broder. Parfois j'ai mis dans un seul monologue ce que plusieurs femmes m'avaient dit sur le même sujet.

Ce premier monologue m'a été inspiré par une seule femme et il est assez proche de ce qu'elle m'a raconté. Mais son sujet a été abordé par toutes les femmes dans toutes les interviews et souvent, pour beaucoup d'entre elles, on sentait que l'évocation en était pénible et douloureuse. Ce sujet c'était :

Les poils

On ne peut pas aimer un vagin si on n'aime pas les poils. Beaucoup de gens n'aiment pas les poils. Mon premier et unique mari détestait les poils. Il disait que c'était désagréable et sale. Il m'a obligée à me raser. Mon vagin avait l'air bouffi et sans défense, comme celui d'une petite fille. Ça l'excitait. Quand il me faisait l'amour, mon vagin ressentait ce que doit ressentir une barbe qu'on vient de raser. Je le grattais, c'était à la fois bon et douloureux. Comme quand on gratte un bouton de moustique. J'avais plein d'horribles petits boutons rouges. J'ai refusé de continuer à me raser. Alors, mon mari m'a trompée. Nous avons fait une thérapie de couple, et là, il a dit qu'il allait voir ailleurs parce que je refusais de le satisfaire sexuellement. Que je ne voulais pas me raser le vagin. La thérapeute avait un accent allemand à couper au couteau et poussait des « ach ! » entre chaque phrase. « Ach ! » pour bien montrer son empathie. Elle m'a demandé pourquoi je ne voulais pas satisfaire sexuellement mon mari. Ach ! Pourquoi je ne voulais pas me raser le vagin ? Je lui ai dit que c'était très bizarre. Mais que quand je n'avais plus de poils, là, en bas, je me sentais toute petite, et que je ne pouvais pas m'empêcher de parler comme un bébé, et que ma peau était très irritée, au point que même les crèmes apaisantes n'y faisaient rien. Elle m'a répondu que le mariage n'était fait que de com-promis. Je lui ai demandé si le fait de me raser le vagin empêcherait mon mari d'aller voir ailleurs et si elle avait déjà eu beaucoup de cas comme ça avant. Elle m'a dit « ach ! » que les questions diluaient le processus. Qu'elle était sûre que c'était un bon début. Qu'il fallait que je me jette à l'eau.

Quand nous sommes rentrés à la maison, c'est mon mari qui m'a rasé le vagin. C'était une sorte de bonus à la thérapie. Il m'a fait quelques petites coupures, et il y avait un peu de sang dans la baignoire. Il ne l'a même pas remarqué, tellement il était heureux de me raser. Plus tard quand il s'est serré contre moi, j'ai senti ses poils hérissés piquant mon vagin mis à nu. Il n'y avait plus de protection. Il n'y avait pas de matelas duveteux.

J'ai alors compris que si les poils étaient là, il y avait une raison — ils sont comme les feuilles autour de la fleur, comme la pelouse qui entoure la maison. Pour aimer un vagin, on doit aimer les poils. Vous n'avez pas le choix, l'un ne va pas sans l'autre. En plus, mon mari a continué à me tromper.

J'ai posé les mêmes questions aux femmes que j'ai interviewées et j'ai sélectionné les réponses que je préfère. Mais je dois dire que je n'ai jamais entendu une réponse que je n'ai pas adorée. Je leur ai demandé :

« Si votre vagin était habillé, que porterait-il ? »

Un béret.
Un blouson de cuir.
Des bas de soie.
Un vison.
Un boa rose.
Un smoking d'homme.
Un jean.
Un truc moulant.
Des émeraudes.
Une robe du soir.
Des sequins.
Que de l'Armani.
Un tutu.
De la lingerie transparente.
Une robe de bal en taffetas.

Un truc lavable en machine.
Un loup.
Un pyjama en velours violet.
De l'angora.
Un nœud papillon rouge.
De l'hermine et des perles.
Un grand chapeau à fleurs.
Un chapeau en léopard.
Un kimono de soie.
Un pantalon de survêtement.
Que de l'Armani.
Un tatouage.
Un appareil à décharges électriques pour chasser
    les étrangers.
Des talons aiguilles.
De la dentelle *et* des rangers.
Des fruits, des fleurs et des plumes roses.
Du coton.
Un tablier.
Un bikini.
Un imperméable.

« Si votre vagin pouvait parler, en deux mots qu'est-ce qu'il dirait ? »

Doucement.
C'est toi ?
J'ai faim.
À table.
Je veux.
Miam, miam.
Oh, ouiii.
Recommence.
Non, par là.
Lèche-moi.
Reste à la maison.
Bon choix.
Essaye encore.
Encore, s'il te plaît.

Prends-moi dans tes bras.
Jouons.
N'arrête pas.
Encore, encore.
Tu te souviens de moi ?
Viens, rentre.
Pas encore.
Waouh, maman.
Oui, oui.
Câline-moi.
Entrez à vos risques et périls.
Oh, mon Dieu.
Merci mon Dieu.
Je suis là.
Allons-y.
Trouve-moi.
Merci.
Bonjour.
Trop dur.
N'abandonne pas.
Tom ! Où est Brian ?
C'est mieux.
Oui, là. Là. Comme ça.

J'ai rencontré des femmes qui avaient entre 65 et 75 ans. Ces interviews ont été les plus émouvantes de toutes. Sans doute parce que presque aucune de ces femmes n'avait parlé de son vagin auparavant. Une femme de 72 ans ne l'avait même jamais regardé. Certes elle l'avait touché quand elle se lavait en prenant sa douche, mais sans aucune intention consciente. Elle n'avait jamais eu d'orgasme. À 72 ans, elle avait commencé une thérapie, et sur les conseils de son psy, un jour, elle était rentrée chez elle, avait allumé des bougies, s'était fait couler un bain, avait mis une musique d'ambiance et était partie à la découverte de son vagin. Elle m'a dit que ça lui avait pris plus d'une heure, parce qu'elle avait de l'arthrose, mais que quand enfin elle avait trouvé son clitoris, elle s'était mise à pleurer. Ce monologue est pour elle. Il s'appelle…

L'inondation

Là, en bas ? J'y suis pas allée voir depuis 1953. Non, ça n'a rien à voir avec la victoire d'Eisenhower aux élections. Non, non, c'est comme une cave. C'est humide, c'est moisi. Croyez-moi, on n'a pas envie d'y aller voir. Ça rend malade. On suffoque. C'est dégoûtant. Ça sent l'humidité, la moisissure et tout... Beurk ! L'odeur est insupportable. Ça imprègne les vêtements.

Non, il n'y a pas eu d'accident. Il n'y a jamais eu le feu, pas d'explosion, rien. Rien d'aussi grave. Enfin... non, ça ne fait rien. Je ne peux pas vous parler de ça. Qu'est-ce qu'une jeune femme intelligente comme vous a besoin de faire parler une vieille dame de son truc, là, en bas ? De mon temps, on ne parlait pas de ces choses-là.

Quoi ?… Mon Dieu ! Bon, d'accord.

Il y a eu un garçon, Andy Leftkov. Il était tellement mignon — enfin, je le trouvais mignon. Il était grand comme moi et vraiment je l'aimais bien. Il m'a demandé de sortir avec lui. Dans sa voiture…

Non, je ne peux pas vous raconter ça. Je ne peux pas vous parler de ça, là, en bas. On sait que c'est là, point. Comme la cave. Quelquefois, ça gargouille. On entend des bruits de tuyauterie et il y a des trucs qui ont du mal à passer, des petites bêtes, des machins, c'est tout mouillé, alors vous faites réparer les fuites. À part ça, la porte est toujours fermée et on l'oublie. Je veux dire, ça fait partie de la maison, mais on ne le voit pas, on n'y pense pas. Mais faut que ça y soit, parce que toutes les maisons ont besoin d'une cave, sinon ce serait la chambre qui serait au sous-sol.

Hein ? Andy. Andy Leftkov. Oui. Il était très bien. Et c'était un beau parti. De mon temps, c'est comme ça qu'on disait. Nous étions dans sa voiture, une Chevrolet blanche toute neuve. Je me souviens, je me suis dit que j'avais des trop longues jambes pour les sièges. J'ai des longues jambes. Elles butaient sur la boîte à gants. J'étais en train de regarder mes gros genoux, quand subitement il m'a embrassée d'autorité comme dans les films. Et ça m'a excitée. Ça m'a tellement excitée que... eh bien, qu'il y a eu une inondation, là, en bas. Je ne pouvais pas me contrôler. C'était comme un flot de passion, un torrent de vie qui jaillissait de moi, traversait ma culotte et se répandait sur le siège de sa Chevrolet blanche toute neuve. C'était pas du pipi et ça sentait — enfin, moi j'ai rien senti du tout, mais lui, Andy, il a dit que ça sentait comme du lait qui a tourné et que ça allait tacher le siège de sa voiture. Il a dit que j'étais « une fille pas normale » et que je « puais ». J'ai voulu lui expliquer que c'était son baiser qui m'avait prise par surprise, que d'habitude, je ne faisais pas ça. J'ai essayé de réparer les dégâts en frottant avec ma robe. C'était une robe toute neuve à grandes fleurs jaunes, mais, avec les taches, elle était devenue horrible. Andy m'a raccompagnée à la maison sans dire un mot et quand je suis descendue, quand j'ai fermé la portière de sa voiture, j'ai fermé la boutique pour toujours. À double tour. Cessation d'activité. J'ai plus jamais rouvert. Je suis sortie avec d'autres garçons après ça, mais l'idée d'une nouvelle inondation me rendait trop nerveuse, ça me bloquait. Je ne me suis plus jamais laissée aller.

Je faisais des rêves, des rêves insensés. Oh, vraiment idiots. Pourquoi Burt Reynolds ? ! Je ne sais pas pourquoi. Il ne m'a jamais fait beaucoup d'effet dans la vie. Mais dans mes rêves… il y avait toujours Burt Reynolds, Burt et moi. On sort tous les deux. Dans le restaurant d'un casino. Monumental, avec des grands chandeliers et plein de trucs partout et des milliers de serveurs en habit. Burt m'offre une orchidée. Je l'épingle à ma veste. On rit. On prend un cocktail de crevettes. Des crevettes énormes, monstrueuses. On rit de plus belle. On est très heureux ensemble. Et là, il me regarde dans les yeux, il m'attire vers lui, en plein milieu du restaurant, et juste au moment où il va m'embrasser, toute la salle se met à trembler, des pigeons s'envolent de dessous les tables — je n'ai jamais compris ce que les pigeons venaient faire là-dedans — et l'inondation commence, venant de là, en bas.

Ça sort de moi. Et ça coule et ça coule. Il y a des petits bateaux et des poissons et tout le restaurant se remplit d'eau et Burt est là, debout, avec de l'eau jusqu'aux genoux, l'air horriblement déçu parce que je lui ai refait le coup une fois de plus. Il est consterné de voir ses amis, Dean Martin, rien que des gens comme ça, passant à la nage devant nous en smoking et en robe du soir.

Maintenant je ne fais plus ce rêve. Plus depuis qu'on m'a retiré tout ce qui avait un rapport avec ça, là, en bas. L'utérus, les trompes, et tout le reste. Le chirurgien a voulu être drôle. Il m'a dit : « Quand on s'en sert pas, on le garde pas. » Mais en réalité, j'ai appris que j'avais un cancer. Il fallait tout enlever tout autour. De toute façon, à quoi ça me servait ? Et puis tout ça, c'est bien surfait. J'adore les expositions canines. Je vends des antiquités.

Je vous demande pardon ? Quoi ?... Vous me demandez comment je l'habillerais ? C'est quoi cette question ? Comment je l'habillerais ? Avec une grande pancarte :

FERMÉ POUR CAUSE D'INONDATION

Qu'est-ce qu'il dirait ? Je vous l'ai expliqué. C'est pas une personne qui parle. C'est une chose qui ne parle plus depuis longtemps. Ce n'est qu'un endroit. Un endroit où on ne va pas. C'est fermé. Sous la maison. Là, en bas.

Vous êtes contente ? Vous m'avez fait parler — vous m'avez fait sortir tout ça. Vous avez fait parler une vieille dame de son truc, là, en bas. Vous vous sentez mieux ?

Elle prend un temps.

Eh bien moi, je vais vous dire, vous êtes la première personne à qui je parle de ça, et je me sens un petit peu mieux.

Réalité sur le vagin

Au cours d'un procès en sorcellerie en 1593, le magistrat instructeur — un homme marié — découvrit pour la première fois l'existence du clitoris. Il l'identifia comme étant un mamelon du diable, preuve irréfutable de la culpabilité de la sorcière. C'était une « petite excroissance de chair, pointant à la manière d'un mamelon, et longue d'un demi-pouce ». Et ledit magistrat « l'ayant aperçue au premier coup d'œil, quoique sans regarder de trop près cependant, car jouxtant endroit si ténébreux que point n'est décent d'y porter le regard. Mais ne voulant pas, finalement, garder par-devers soi découverte si étrange », la montra à divers assistants. « Lesquels assistants déclarèrent n'avoir jamais vu

chose semblable. » Et la femme fut condam-
née comme sorcière.

L'Encyclopédie des mythes
et des secrets de la femme.

Pendant les deux années qu'ont duré mes inter-
views, j'ai rencontré neuf femmes qui avaient eu
leur premier orgasme juste avant ou juste après la
quarantaine. Toutes les neuf avaient eu ce premier
orgasme grâce à la même femme, Betty Dodson.
Elles avaient toutes participé, à des époques diffé-
rentes, à l'un des groupes que cette femme extra-
ordinaire organise depuis vingt-cinq ans, pour
aider les femmes à localiser leur vagin, à le décou-
vrir, à l'aimer et à lui donner du plaisir.
Ce monologue est fondé sur l'histoire d'une de
ces femmes qui s'est inscrite à :

L'atelier du vagin

Mon vagin est un coquillage, un coquillage rond rose et délicat qui s'ouvre et qui se ferme. Mon vagin est une fleur, une tulipe excentrique, son cœur est vif et profond, son parfum est délicat, ses pétales doux et fermes à la fois.

Ça, je ne l'ai pas toujours su. Je l'ai appris à l'atelier du vagin. C'est la femme qui dirige cet atelier qui me l'a appris, c'est une femme qui croit dans les vagins, qui voit les vagins tels qu'ils sont et qui aide les femmes à voir leur propre vagin en regardant celui des autres femmes.

À la première séance, elle nous a demandé de dessiner « notre beau, notre unique, notre fabuleux vagin ». C'est comme ça qu'elle l'appelait. Elle voulait savoir comment nous nous représentions notre beau, notre unique, notre fabuleux vagin. Une femme qui était enceinte a dessiné une grande bouche rouge hurlante d'où sortaient des pièces de monnaie. Une autre, très maigre, a dessiné un grand plat avec des motifs ornementaux. Moi, j'ai dessiné un rond tout noir avec des petits gribouillis autour. Le rond symbolisait un trou noir dans l'espace et les petits gribouillis étaient des gens ou des choses ou des particules élémentaires qui étaient venus se coller là. J'avais toujours considéré mon vagin comme un vide anatomique aspirant à l'aveuglette tout ce qui passait à sa portée.

J'avais toujours perçu mon vagin comme une entité indépendante, tournant comme une étoile dans sa propre galaxie, consumant finalement sa propre énergie ou explosant et se fractionnant en milliers d'autres petits vagins, chacun d'eux tournant à son tour dans sa propre galaxie.

Je ne concevais pas mon vagin en termes pratiques ou biologiques. Je ne le voyais pas, par exemple, comme une partie de mon corps, quelque chose entre mes cuisses, faisant partie de moi.

À l'atelier, on nous a demandé de regarder notre vagin à l'aide d'un miroir de poche. Après un examen attentif, nous devions faire verbalement un compte rendu à tout le groupe de ce que nous avions vu. Je dois avouer que jusqu'à ce jour, tout ce que je savais sur mon vagin était fondé sur les on-dit ou sur l'invention. Je ne l'avais jamais vu. Il ne m'était jamais venu à l'idée de le regarder. Mon vagin n'avait d'existence pour moi que sur un plan abstrait. Je trouvais ça réducteur et choquant de le regarder, allongées comme nous l'étions sur nos matelas bleus, nos miroirs à la main. Ça me faisait penser à ce que les premiers astronomes avaient dû ressentir avec leurs télescopes rudimentaires.

Au début, mon vagin, je l'ai trouvé plutôt inquiétant. Un peu comme quand vous voyez pour la première fois un poisson ouvert et que vous découvrez à l'intérieur tout cet univers sanguin et complexe, juste là, sous la peau. C'était tellement rouge, tellement frais, tellement cru. Ce qui m'a le plus surprise c'était toutes ces couches successives. Une couche sur une autre couche, ouvrant sur une autre couche.

Mon vagin m'a stupéfiée. Quand ça a été mon tour, je n'ai pas pu parler. J'étais sans voix.

Je venais de m'éveiller à ce que cette femme qui dirigeait l'atelier appelait « l'émerveillement vaginal ». Je n'avais qu'une envie, rester là sur mon tapis, les jambes écartées à contempler mon vagin jusqu'à la fin des temps.

C'était mieux que le Grand Canyon, vieux comme le monde et plein de grâce. Ça avait la fraîcheur et l'innocence d'un magnifique jardin anglais. C'était drôle, très drôle. Ça m'a fait rire. Je pouvais jouer à cache-cache avec, l'ouvrir et le fermer. C'était comme une bouche. C'était comme un matin. Et là, l'idée m'est venue tout d'un coup que c'était *moi*, que c'était *mon* vagin. Qu'il était ce que j'étais. Que ça n'était pas une entité à part.

Puis, la femme qui animait l'atelier a demandé combien d'entre nous dans le groupe avaient déjà eu des orgasmes. Deux femmes ont levé la main timidement. Moi, je n'ai pas levé la main, mais j'avais déjà eu des orgasmes. Je n'ai pas levé la main parce que c'étaient des orgasmes accidentels. Ils m'arrivaient à l'improviste dans mes rêves. Et je m'éveillais épanouie. Dans l'eau souvent, dans mon bain la plupart du temps. Une fois dans la piscine à Saint-

Tropez. À cheval, à vélo, sur le tapis de marche à la gym. Je n'ai pas levé la main parce que, même si j'avais eu des orgasmes, je ne savais pas comment les provoquer. Je pensais que c'était une chose miraculeuse, magique. Je ne voulais pas intervenir. Je trouvais que m'en mêler aurait eu un côté malsain — factice, fabriqué. De l'orgasme à la demande. Plus de surprises, plus de magie. Seulement, le problème, c'était que depuis deux ans il n'y avait plus eu de surprise. Je n'avais pas eu un de ces orgasmes accidentels et magiques depuis longtemps, et ça me rendait un peu hystérique. C'était pour ça que je m'étais inscrite à cet atelier du vagin.

Et puis est arrivé le moment que j'attendais et redoutais à la fois. La femme qui animait l'atelier nous a demandé de ressortir nos miroirs de poche et de voir si nous pouvions repérer notre clitoris. On était toutes là, sur le dos, sur nos tapis bleus, à essayer de trouver nos marques, nos repères, notre logique et je ne sais pas pourquoi, je me suis mise à pleurer. Peut-être était-ce simplement de la gêne. Peut-être était-ce à l'idée que j'allais devoir renoncer à cette chimère, folle et dévorante que quelqu'un ou quelque chose guidait ma vie, décidait de ses orientations, et me donnait des orgasmes. Je vivais dans un monde à part, plein de magie et de superstition. Cette recherche du clitoris, dans cet atelier insensé, sur ces matelas bleus, rendait tout ça réel, beaucoup trop réel. Je sentais venir la panique. Et simultanément, l'angoisse et la prise de conscience que, si je m'étais empêchée de trouver mon clitoris, c'était parce que, en fait, j'avais toujours été terrifiée à l'idée que je n'en avais pas, terrifiée à l'idée d'être une de ces bonnes femmes viscéralement impuissantes, une de ces femmes frigides, mortes, closes, sèches, avec un goût de vieil abricot — oh mon Dieu ! J'étais là, allongée, le miroir à la main, à la recherche de ce point névralgique, tâtonnant avec mes doigts, mais je ne pensais qu'à une chose. À dix ans, j'avais perdu une bague en or avec des petites émeraudes en me baignant dans un lac. J'avais plongé et replongé, passant mes mains au fond sur des pierres, des poissons, des vieilles capsules, sur des trucs visqueux, mais jamais sur ma bague. J'avais ressenti une de ces paniques. Je savais que j'allais être punie.

La femme qui dirigeait l'atelier s'est aperçue de mon agitation désespérée, je suais, haletante. Elle s'est approchée de moi. Je lui ai dit : « J'ai perdu mon clitoris. Il a glissé. J'aurais pas dû nager avec. » Elle a éclaté de rire. Doucement, elle m'a caressé le front. Elle m'a dit qu'un clitoris, ça ne se perdait pas comme ça. Qu'il était moi, qu'il était mon essence même. Qu'il était tout à la fois la sonnette de ma maison et ma maison elle-même. Que je n'avais pas à *le retrouver*, dit-elle, que j'avais à *l'être*. Être lui. Être mon clitoris. Être mon clitoris. Étendue, j'ai fermé les yeux. J'ai posé mon miroir. Et je me suis regardée flotter au-dessus de moi. J'ai regardé comment, lentement, je m'approchais de moi et comment je réentrais en moi. Je me sentais comme un astronaute revenant dans l'atmosphère terrestre. C'était très apaisant, très apaisant et très doux. Je rebondissais et je touchais terre, je touchais terre et je rebondissais. Je suis revenue dans mes propres muscles, dans mon propre sang, dans mes propres cellules et puis je me suis glissée dans mon propre vagin. Tout à coup, c'était devenu très facile, ça allait tout seul. C'était tout chaud, ça palpitait, c'était jeune, c'était vivant, ça n'attendait que moi. Et là, les yeux toujours clos, sans regarder, j'ai posé le doigt sur ce qui, soudain, était devenu moi. Au début, c'était un peu frémissant, c'est ce qui m'a poussée à continuer. Puis le frémissement s'est transformé en tremblement, puis le tremblement en éruption, et les différentes couches se sont divisées et divisées encore. Le tremblement a explosé sur un horizon du temps passé, fait de lumière, de silence et de couleurs, qui s'est à son tour ouvert sur une image d'innocence et sur un désir fou, et j'ai senti la connexion, l'irrésistible connexion s'opérer, tandis que je restais là étendue, agitée de spasmes sur mon petit matelas bleu.

Mon vagin. Mon vagin est un coquillage, une fleur, un destin. C'est quand j'y arrive que je commence à partir. Mon vagin... mon vagin... moi.

Réalité sur le vagin

Voici maintenant une réalité heureuse à propos du vagin. C'est extrait de : Femme !, *de Natalie Angier*

Le clitoris est pur par définition. C'est le seul organe du corps humain fait purement pour le plaisir. Le clitoris n'est qu'une simple boule de nerfs. Huit mille terminaisons nerveuses, pour être tout à fait précis. C'est la plus forte concentration de terminaisons nerveuses qu'on puisse trouver dans tout l'organisme. Plus que le bout des doigts, plus que les lèvres, plus que la langue et deux fois plus, je dis bien DEUX FOIS PLUS que le pénis. Alors, je vous le demande : qui voudrait d'un fusil à un coup quand on a en sa possession une mitraillette ?

Le monologue suivant m'a été inspiré par une femme qui a vécu une expérience formidable grâce à un homme. Ça arrive. Si, si.
Ça s'appelle :

Parce qu'il aimait le regarder

Je vais vous raconter comment j'ai réussi à aimer mon vagin. C'est un peu embarrassant parce que ça n'est pas très politiquement correct. Si vous voulez, je sais que ça aurait dû m'arriver dans un bain parfumé avec des grains de sel venant de la mer Morte, de la musique indienne en fond sonore, et moi tombant amoureuse de ma « féminitude ». Je connais la chanson. Les vagins sont beaux. Notre haine de nous-mêmes n'est que la haine et le rejet de notre culture patriarcale. Que tout ça n'est qu'une idée. « Il faut vivre en communion avec son sexe. » Je sais tout ça. C'est un peu comme si nous avions été élevées dans un monde où l'on nous aurait dit que les grosses cuisses sont belles et que nous ayons passé notre temps à engloutir des glaces et gâteaux à la crème, en restant au lit toute la journée à ne rien faire, et à regarder nos cuisses se remplir de cellulite. Malheureusement, nous n'avons pas grandi dans cette culture-là. Je haïssais mes cuisses et je haïssais encore plus mon vagin. Je le trouvais absolument horrible. Je faisais partie de ces femmes qui l'avaient regardé et qui depuis cet instant ne voulaient plus en avoir. Il me rendait malade. Et je plaignais toute personne qui de près ou de loin devait avoir affaire à lui.

Pour m'aider à survivre, je faisais comme s'il y avait quelque chose d'autre entre mes jambes. J'imaginais des meubles — des futons confortables avec des couettes en coton légères, des petits canapés de velours, des couvertures de léopard, ou des jolis mouchoirs en soie, des cache-théière matelassés, ou des mini-paysages — un lac pur comme le cristal, ou un marais salant. Quand je faisais l'amour, je m'imaginais que mon partenaire pénétrait une étole de vison, ou une rose rouge, ou un vase Ming.

Et j'ai rencontré Paul. Paul était le type le plus ordinaire de tous ceux que j'avais rencontrés. Il était grand et maigre, sans signe particulier, et il portait des vêtements kaki. Paul n'aimait pas la cuisine épicée. Il n'aimait pas le rock. La lingerie sexy ne l'intéressait absolument pas. En été, il passait son temps à l'ombre. Il ne faisait jamais part de ses sentiments. Il n'avait pas de problème, pas de passion. Il n'était même pas alcoolique. Il n'était pas drôle, ni intéressant ni mystérieux. Il n'était pas riche, il n'était pas pauvre. Il n'était pas introverti, il n'était pas charismatique. Il ne conduisait pas vite. Pour être tout à fait honnête, Paul n'était pas du tout mon type d'homme. Je ne l'aurais absolument pas remarqué si je n'avais pas laissé tomber ma monnaie chez l'épicier. Il m'a aidée à ramasser les pièces et quand sa main a touché la mienne accidentellement, il s'est passé quelque chose. Je me suis retrouvée au lit avec lui. Et c'est là que le miracle a eu lieu.

Il s'est trouvé que Paul aimait les vagins. C'était un connaisseur. Il aimait leur toucher, il aimait leur saveur, il aimait leur odeur, mais par-dessus tout, il aimait les regarder. Il fallait qu'il les regarde. La première fois que nous avons fait l'amour, il m'a dit qu'il fallait d'abord qu'il me regarde.

« Mais, Paul, je suis là. Là, devant toi !

— Non, toi, m'a-t-il dit. J'ai besoin de te regarder toi.

— Bon. Allume la lumière. »

Je me suis dit que ça devait être un malade et qu'il avait peur du noir. Il a allumé.

« Bon, a-t-il dit, maintenant je vais pouvoir te regarder.

— Paul, je suis là. Là, devant toi, Paul… Mais… tu fais quoi, là, Paul ?

— J'ai besoin de te regarder. De voir à quoi tu ressembles.

— C'est pas une obligation, Paul. Fais-moi ce pour quoi on est là, c'est tout.

— Non, non. Faut d'abord que je voie.

— Mais, Paul, tu as déjà vu un fauteuil en cuir rouge. T'as déjà vu un pavot, j'en suis sûre. »

Et Paul a continué. Il n'arrêtait pas. J'avais envie de vomir et de mourir.

« Paul, c'est terriblement intime. Tu peux pas juste faire ce que tu as à faire ?

— Non, m'a-t-il dit, là, c'est vraiment toi. J'ai besoin de voir. »

J'ai retenu ma respiration. Et il a regardé,

regardé. Il haletait, il souriait et regardait de plus en plus et gémissait. Il avait le souffle court et son visage était transformé. Il n'avait plus l'air ordinaire. Il l'avait l'air d'un fauve affamé.

« Tu es si belle, m'a-t-il dit. Tu es gracieuse, mystérieuse, innocente et sauvage.

— Et c'est là que tu vois tout ça ? »

J'avais l'impression qu'il me lisait les lignes de la main.

« Oui, tout ça. Et plein d'autres choses encore. »

Paul a regardé pendant presque une heure comme s'il étudiait une carte, comme s'il observait la lune, comme s'il me regardait dans les yeux, sauf que c'était mon vagin. Dans la lumière, je le regardais me regarder et il avait l'air tellement excité, tellement serein et tellement euphorique, que je me suis sentie moi-même toute mouillée, toute tourneboulée. J'ai commencé à me voir comme il me voyait. Je me suis sentie belle et délectable — comme une œuvre d'art, ou une chute d'eau. Paul n'avait pas peur. Il n'était pas dégoûté. J'ai commencé à me sentir importante, à me sentir fière. J'ai commencé à aimer mon vagin… Et Paul était là, perdu dans sa contemplation et j'étais là avec lui, dans mon vagin, et nous étions loin très loin, tous les deux.

Un jour, à la fin du spectacle, un type m'aborde et me dit :
« C'est moi Paul, ton Paul ! Pourquoi tu fais semblant de pas me reconnaître ? »
Il y a eu aussi ce jeune homme, l'autre soir, qui s'est approché de moi et m'a dit, tout timide : « Excusez-moi, mademoiselle, mais je voulais que vous sachiez, je m'appelle Paul. »

J'ai interviewé beaucoup de femmes au sujet des règles. Une sorte de chant choral a commencé à s'élever, un chant sauvage et collectif. Toutes les voix des femmes se faisaient écho. J'ai laissé ces voix saigner les unes sur les autres. Et je me suis plongée dans ce flot de sang.

J'avais douze ans. Ma mère m'a giflée

J'avais sept ans, j'étais au cours élémentaire, mon frère a parlé des règles. Je n'ai pas aimé la façon dont il a ricané.

Je suis allée trouver ma mère. « C'est quoi les règles ? » j'ai dit. « C'est pour tracer les traits, pour qu'ils soient bien droits. »

Mon père m'a écrit une carte : « Pour ma petite fille qui n'est plus si petite. »

J'étais terrorisée. Ma mère m'a sorti une épaisse serviette périodique. Je devais aller jeter celle qui avait servi dans la poubelle sous l'évier de la cuisine.

Je me souviens, j'ai été une des dernières à les avoir. J'avais treize ans.

On voulait toutes qu'elles arrivent.

J'avais tellement peur. Je mettais les protections usagées dans des sacs en papier que je cachais dans des coins sombres sous le toit.

J'étais en quatrième. Ma mère m'a dit : « Oh, c'est bien. »

J'étais au collège. J'ai eu des pertes marron avant qu'elles arrivent. Ça a coïncidé avec l'apparition de poils sous mes bras qui poussaient de manière anarchique. Sous une aisselle, j'avais des poils et sous l'autre pas.

À seize ans. J'avais comme une angoisse.

Ma mère m'a donné de la codéine. On avait des lits superposés. Je suis descendue et je me suis allongée sur le lit du bas. Ma mère était tellement inquiète.

Une nuit, je suis rentrée très tard à la maison et je suis allée me coucher sans allumer la lumière. Ma mère avait trouvé les serviettes usagées et les avait glissées entre mes draps.

J'avais douze ans, j'étais en petite culotte. Je n'étais pas encore habillée. J'ai regardé derrière moi dans l'escalier. Elles étaient arrivées.

J'ai regardé par terre et j'ai vu le sang.

J'étais en cinquième, ma mère a dû remarquer ma culotte. Elle m'a donné une serviette plastifiée.

Ma mère a été très chaleureuse. « Attends, je vais te donner une serviette. »

Chez Marie, ma meilleure amie, ils ont fait la fête quand elle les a eues. Ils ont organisé un grand dîner en son honneur.

On voulait toutes avoir nos règles.

On les voulait toutes, *tout de suite*.

À treize ans. Il y avait pas encore les Kotex. Il fallait surveiller ses vêtements. J'étais noire et pauvre. Un jour, à l'église, il y a eu du sang derrière ma robe. Ça ne s'est pas vu, mais je me sentais coupable.

J'avais dix ans et demi. Pas préparée. Une saleté marron dans ma culotte.

Elle m'a montré comment mettre un tampon. Il n'est rentré qu'à moitié.

J'associais mes règles à un phénomène inexplicable.

Ma mère m'a dit que je devais prendre un chiffon. Elle m'a dit : « Pas de tampon. Tu ne dois jamais rien mettre dans ton poudrier. »

J'ai mis du coton hydrophile. Et j'ai été le dire à maman. Elle m'a donné des petites poupées en papier avec la tête d'Elizabeth Taylor.

À quinze ans. Ma mère m'a dit : « Mazel tov. » Elle m'a giflée. Je n'ai jamais su si c'était bien ou mal.

Mes règles… c'est comme une pâte à tarte avant qu'on la cuise.

Les Indiennes restent assises sur de la mousse pendant cinq jours. J'aurais bien voulu être une squaw.

J'avais quinze ans et j'avais hâte de les avoir. J'étais très grande et j'ai continué à grandir.

Quand je voyais à la gym les filles blanches se mettre des tampons, je pensais que c'étaient des filles de mauvaise vie.

J'ai vu les gouttes rouges sur les carreaux roses. J'ai dit : « Ouais ! »

Ma mère était heureuse pour moi.

J'utilisais des OB et j'adorais y mettre mes doigts.

À onze ans, je portais un pantalon blanc. Le sang a commencé à couler.

J'ai pensé : « C'est terrible. »

« Je ne suis pas prête. »

J'avais mal au dos.

J'étais excitée.

À douze ans. J'étais contente. On a fait une

séance de spiritisme avec ma copine, elle a demandé quand est-ce qu'on allait avoir nos règles, elle a regardé par terre et j'ai vu du sang.

J'ai regardé par terre, ça y était.

« Ça y est, je suis une femme. »

J'étais terrifiée.

Je n'avais jamais cru qu'elles viendraient.

Ça m'a complètement transformée. Je suis devenue adulte et silencieuse. Une vraie Vietnamienne — bonne travailleuse, vertueuse, ne parle jamais.

À neuf ans et demi. J'étais sûre que j'allais entièrement me vider de mon sang, j'ai mis ma culotte en boule et je l'ai jetée dans un coin. Je ne voulais pas que mes parents paniquent.

Ma mère m'a fait un vin chaud et je me suis endormie.

J'étais dans ma chambre chez ma mère. J'avais toute une collection de bandes dessinées. Ma mère m'a dit : « Ne soulève pas ton coffre de bandes dessinées, c'est trop lourd. »

Ma meilleure amie m'a dit : « Tous les mois, c'est l'hémorragie totale. »

Ma mère n'arrêtait pas de faire des aller et

retour à l'hôpital psychiatrique. Elle n'a pas pu me préparer au passage à l'âge adulte.

« Chère miss Carling, je vous prie de dispenser ma fille de basket-ball. C'est une femme depuis ce matin. »

À la colo, ils m'ont dit que je ne devais pas me baigner pendant mes règles. On m'a frottée avec un antiseptique.

J'avais peur que les gens le sentent. Peur qu'ils disent que je sentais le poisson.

J'ai vomi, j'ai pas pu manger.

J'ai eu faim.

Parfois, c'est très très rouge.

J'aime les gouttes, les gouttes qui tombent dans les toilettes. On dirait de la peinture.

Parfois c'est marron et ça m'inquiète.

J'avais douze ans. Ma mère m'a giflée et m'a offert une chemise en coton rouge. Mon père est descendu acheter une bouteille de sangria.

Réalité sur le vagin

Voici maintenant une réalité beaucoup moins drôle :

Quatre-vingts à cent millions de petites filles et de jeunes femmes ont subi des mutilations génitales. Bon an mal an, dans les pays où ces pratiques ont cours — pour la plupart des pays africains —, quelque deux millions de fillettes doivent s'attendre à ce qu'un couteau, un rasoir ou un morceau de verre leur sectionne le clitoris et que leurs lèvres... soit cousues — en partie ou totalement — à l'aide d'un fil et d'une aiguille.

Souvent, par hypocrisie, cette opération est comparée à la circoncision. En fait, cela équivaudrait chez un homme à l'ablation de la totalité du pénis ainsi que de ses racines en

tissu mou et d'une partie de la peau du scro-
tum.

Conséquences à court terme : tétanos, septi-
cémie, hémorragies, lésions de l'urètre, de la
vessie, des parois vaginales et du sphincter anal.
À long terme : infection utérine chronique,
cicatrices importantes pouvant entraîner des
problèmes de motricité à vie, formation de fis-
tules, douleurs et dangers à l'accouchement
multipliés, mort prématurée.

New York Times, 12 avril 1996.

Mon vagin est en colère [1]

Mon vagin est en colère. C'est vrai. Il en a ras le bol. Mon vagin est furieux et il faut qu'il parle. Il faut qu'il parle de toutes ces conneries. Il faut qu'il vous en parle. Bon, c'est quoi le problème ? Une armée de gens, là, qui n'ont qu'une idée en tête, torturer mon pauvre cul, mon adorable petit vagin… Ils passent leur temps à inventer des trucs de malades, des idées dégoûtantes pour me saper la foufounette. C'est des enfoirés du vagin.

Toutes ces saloperies, ils essayent sans arrêt de nous les rentrer dedans, de nous aseptiser — de nous boucher avec, en un mot de nous anni-hiler le vagin. Eh bien non, on ne supprimera

1. Ce monologue est inspiré par l'interview de Whoopi Goldberg.

pas mon vagin comme ça. Il est furieux, mais il reste bien là. Tenez, les tampons — c'est quoi cette saloperie ? Un putain de bout de coton tout sec qu'on se colle, là. Franchement, ils pourraient pas trouver un moyen de les lubrifier délicatement leurs tampons ? Dès que mon vagin en aperçoit un, il est en état de choc. Il dit : « Pas question ! » Et il se ferme. Vous devez travailler pour les vagins, leur présenter les choses, les préparer. Ça sert à ça les préliminaires. Vous devez convaincre mon vagin, le séduire, gagner sa confiance. Et je peux vous dire que vous n'y arriverez jamais avec un putain de bout de coton tout sec.

Arrêtez de le bourrer de trucs et de machins. Arrêtez de le remplir et arrêtez de vouloir le rendre propre. Mon vagin n'a pas besoin qu'on le nettoie. Il sent bon naturellement. En tout cas, c'est ce que les mecs disent. « Ouah, qu'est-ce qu'il sent bon ! » qu'ils disent. « Vachement bon ! » Mais pas comme une rose. Faut pas en rajouter non plus. Ne les croyez pas s'ils vous disent qu'il a une odeur de rose, alors qu'il est censé sentir la chatte simplement. C'est ce qu'on veut vous faire quand on essaye de vous le nettoyer. Ils veulent qu'il sente les sels de bain ou comme un jardin. Tous ces sprays, aux fruits, aux fleurs, à la pluie. Je ne veux pas que ma foufounette sente les fruits ou après la pluie. Le nettoyer bien partout, c'est comme si on lavait un poisson après l'avoir cuit. On a envie que le poisson sente le poisson. C'est pour ça que je l'ai commandé. C'est ça la femme. Ça, c'est moi. Mes fluides qui s'écoulent et s'entre-mêlent et sentent le poisson.

Et les examens. Qui est-ce qui a inventé les examens ? Il n'y aurait pas une façon plus agréable de les pratiquer ? Pourquoi cette blouse en papier rêche qui vous râpe la pointe des seins et qui crisse quand vous vous allongez et que vous vous sentez comme un vieux papier froissé qu'on a jeté n'importe où ? Et pourquoi ces gants de caoutchouc ? Pourquoi cette lumière aveuglante comme si vous étiez sur une scène de music-hall ? Pourquoi ces étriers d'acier dignes des nazis, ce bec de canard infâme et glacé qu'on vous rentre dedans ? C'est quoi ? Comment des femmes gynécologues peuvent-elles vous faire ça ? Ces visites foutent mon vagin dans une colère ! Il est sur la défensive des semaines à l'avance. Il se ferme, il arrive pas à se « décontracter ». Ça vous fait pas ça à vous ? « Décontractez-vous, décontractez votre vagin. » Mon vagin est pas fou, il est malin, il sait ce qui l'attend — « Décontracte-toi, qu'on puisse t'enfoncer un bec de canard glacé. » Ça va pas, non. Un examen, un examen vaginal ? Moi, j'appelle plutôt ça une mise à mort du vagin, oui.

On ne pourrait pas trouver un beau velours rouge bien doux et m'envelopper dedans, m'allonger sur une surface de coton duveteux, enfiler de jolis gants roses ou bleus délicats et placer mes pieds sur des étriers recouverts de fourrure ? Et chauffer le bec de canard. Tout faire pour que mon vagin se sente bien.

Eh non, encore et toujours des tortures — ces foutus tampons de coton sec, le bec de canard glacé, et les strings. Ça, c'est le pire. Les strings. Qui a eu cette idée de génie ? Ça bouge tout le temps et ça vous rentre dans le vagin, comme un vieux mégot rugueux.

Un vagin devrait toujours être libre et ouvert, jamais comprimé. C'est pour ça que les gaines sont si atroces. Nous avons besoin de bouger, de nous épanouir et de parler, et de nous exprimer. Nos vagins ont besoin de confort. Il faut tout faire pour ça. Pour leur donner du plaisir. Et ça, bien sûr, ils veulent pas. Ça les défrise de voir une femme avoir du plaisir, surtout si c'est un plaisir sexuel. Pourquoi vous ne nous inventez pas un slip en coton hyperdoux, avec titilleur intégré ? Les femmes prendraient leur pied du matin au soir, elles jouiraient en faisant les courses, elles jouiraient dans le métro, que des vagins heureux en perpétuelle jouissance. Mais voir tous ces vagins stimulés, libérés, aux anges, ça, ils ne le supporteraient pas.

Non, au lieu de ça, ils nous fabriquent des papiers toilette gratte-cul. Ça, ça me rendait vraiment folle de rage, jusqu'à ce que je découvre Tendresse triple douceur de Lotus. Tendresse est aux vagins ce que Jessye Norman est à l'art lyrique. Tendresse est doux mais résistant, ferme sans être rêche. Tendresse caresse sans blesser. Le contraire de ces papiers de merde qu'on trouve en Europe et qui font penser à des lames de rasoir. Cela dit en Europe, il y a les bidets, c'est peut-être pour ça.

Pour compenser, en réaction au papier toilette. On blesse d'abord, on soulage ensuite. Moi, je dis qu'un vagin sur un bidet est un vagin heureux. Une merveilleuse eau courante, qui vous pénètre, se répand en vous comme autant de petits lutins, de gentils chérubins aquatiques, qui dansent leur sarabande et font de votre vagin un vagin heu-reux.

Si mon vagin pouvait parler, il parlerait de lui, comme je suis en train de le faire. Et il parlerait des autres vagins. Il donnerait ses impressions de vagin.

Il porterait des diamants de chez Cartier, pas de vêtements, drapé de diamants, c'est tout.

Mon vagin a réussi à faire un gros bébé. J'espérais qu'il recommencerait. Et puis non. À présent, il veut voyager. Il n'a pas envie de voir trop de monde. Il veut lire, connaître des choses, sortir davantage. Il veut faire l'amour. Il adore faire l'amour. Il veut aller au bout des choses. Il a soif de profondeur. Il veut faire des fouilles archéologiques, remonter aux sources. Il veut de la tendresse. Il veut du changement. Du silence et de la liberté et des baisers doux et des humidités chaudes et des caresses voluptueuses. Il veut du chocolat, être en confiance et de la beauté. Il veut hurler. Mais il ne veut plus être en colère. Il veut jouir. Il veut vouloir. Il veut... Mon vagin... Mon vagin... C'est bien simple... Il veut tout.

J'ai interviewé des femmes bosniaques dans des camps de réfugiés pendant la guerre en ex-Yougoslavie.

Vingt à soixante-dix mille femmes avaient été systématiquement violées, sous prétexte de tactique de guerre, en plein milieu de l'Europe, en 1993. Il est très choquant que si peu de gens aient essayé d'y mettre un terme. Cela dit, cinq cent mille femmes sont violées tous les ans dans notre pays et nous ne sommes pas en guerre, enfin, théoriquement.

Ce monologue est inspiré par l'histoire d'une de ces femmes. Elle était musulmane, comme la plupart des femmes interviewées. Avant cette guerre, le viol n'avait jamais fait partie de leur culture. Ce monologue lui est dédié, ainsi qu'à toutes ces femmes extraordinaires de Bosnie et du Kosovo.

Mon vagin, mon village

Mon vagin était une fraîche prairie vert et rose. Les vaches paissaient, mon fiancé me caressait tendrement avec un fétu de paille blonde.

Il y a quelque chose entre mes jambes. Je ne sais pas ce que c'est. Je ne sais pas où c'est. Je ne veux pas y toucher. Plus maintenant. Plus depuis. Plus jamais.

Mon vagin était bavard, il ne pouvait attendre, il en disait, il en disait.

Depuis que je rêve qu'il y a un animal crevé cousu entre mes jambes avec du fil noir, il ne parle plus. Et l'odeur horrible de l'animal mort m'envahit. Et sa gorge tranchée saigne et tache mes robes d'été.

Mon vagin connaissait toutes les chansons de femmes, toutes les chansons paysannes, toutes les chansons des forêts d'automne, toutes les chansons du pays.

Depuis que les soldats y ont glissé le canon de leur fusil, il ne chante plus. L'acier était si froid qu'il m'a glacé le cœur. Vont-ils tirer, vont-ils l'enfoncer jusqu'à mon cerveau qui se tord de peur ; je ne sais pas. Six d'entre eux, monstres affreux encagoulés de noir, m'enfoncent des bouteilles aussi et des matraques et un balai.

Mon vagin était l'eau d'une rivière où il faisait bon se baigner, eau claire, courant sur les pierres inondées de soleil, sur la pierre de mon clitoris, encore et encore.

Depuis que j'ai entendu la chair se déchirer avec un bruit strident, la rivière ne coule plus. Plus depuis qu'un morceau de mon vagin, un morceau de ma lèvre est resté dans ma main.

Mon vagin. Village vivant, doux et chaud. Mon vagin, là où je suis née.

Depuis que, pendant sept jours, ils m'ont chacun à leur tour, puant la merde et la pourriture, inondée de leur sperme immonde, je n'y habite plus. Je suis devenue une rivière charriant le pus et les poisons et toutes les récoltes sont mortes et tous les poissons.

Mon vagin, village vivant, doux et chaud.
Ils t'ont envahi. Massacré.
Incendié.
Je ne peux plus te toucher.
Je ne peux plus venir te voir.
J'habite ailleurs à présent.
Ailleurs. Mais je ne sais pas où c'est.

Au cours de ces quinze dernières années, je me suis occupée très activement de femmes qui n'ont pas de toit, ces personnes que nous appelons les « S.D.F. » pour qu'une fois cataloguées nous puissions les oublier plus facilement. J'ai questionné des centaines de ces femmes. Et sur ce nombre, je n'en ai rencontré que deux qui n'aient pas eu à subir un inceste ou un viol au sein de leur cellule familiale quand elles étaient petites filles ou adolescentes. Ces dernières années, je suis aussi allée dans des prisons pour interviewer des femmes. Et là, j'y ai trouvé la même chose. Des femmes sexuellement agressées de nombreuses fois. J'en suis arrivée à la théorie suivante : pour presque toutes ces pauvres femmes, le « foyer » est un lieu particulièrement redoutable. Quand elles s'enfuient de chez elles après avoir été violentées, elles recherchent la sécurité et la protection. Et vous ne pouvez pas vous imaginer le nombre de femmes qui m'ont confié que la première fois qu'elles se sont senties en sûreté, ça a été en prison ou dans un centre d'accueil, au milieu d'autres femmes.

Ce monologue est l'histoire d'une de ces femmes, telle qu'elle me l'a racontée. Je l'ai rencontrée il y a cinq ans, dans un centre d'accueil. J'aimerais pouvoir vous dire que cette histoire, violente, extrême, est unique. Mais ça n'est pas le cas. Elle n'est pas, au fond, plus effrayante que la plupart des histoires que j'ai entendues depuis. Les femmes issues d'un milieu pauvre subissent des violences sexuelles terribles, mais qu'on ignore. À cause de leur classe sociale, elles n'ont pas accès à des thérapies ou à d'autres méthodes curatives. À la fin, ces violences répétées détruisent leur respect d'elles-mêmes et elles sombrent dans la drogue, la prostitution avec, à la clef, le sida et, souvent, la mort. Dieu merci, cette histoire a une fin différente. La femme dont il est question ici a rencontré une autre femme dans le centre d'accueil, et elles sont tombées amoureuses. Grâce à leur amour, elles ont réussi à quitter le centre et vivent à présent une vie mer-

veilleuse ensemble. Ce monologue est pour elles, pour leur force d'esprit étonnante et pour toutes les femmes que nous ne voyons pas souffrir, mais qui ont besoin de nous.

Petit minou deviendra grand

Souvenir : décembre 1965, cinq ans

Maman me dit en hurlant avec sa grosse voix qui m'effraye d'arrêter de me gratter mon petit minou. J'ai peur de l'avoir abîmé. Je ne le toucherai plus jamais, même dans le bain. Dans le bain, j'ai peur que l'eau rentre dedans et qu'elle me remplisse et que j'explose. Je mets des pansements sur mon minou pour boucher le trou, mais dans l'eau, ils se décollent. Je voudrais un bouchon, comme celui de la baignoire, que je mettrais pour empêcher les trucs de rentrer dedans. Pour dormir, sous mon pyjama, je mets trois culottes en coton avec des petits cœurs dessus. J'ai encore envie de le toucher, mais je le fais pas.

Souvenir : sept ans

Edgar Montani, il a dix ans, et il se met très en colère après moi, et il me frappe de toutes ses forces entre mes cuisses. C'est comme s'il m'avait cassée en deux. J'arrive à la maison en boitant. Maman me demande pourquoi, qu'est-ce que j'ai au minou ? Et quand je lui dis ce qu'il m'a fait, Edgar, elle se met à me crier dessus et elle hurle que je dois plus jamais laisser quelqu'un me toucher là. J'essaye de lui expliquer : « Il m'a pas touchée, maman, il m'a frappée. »

Souvenir : neuf ans

Je joue à sauter et à me laisser tomber sur le lit et un des montants du lit me rentre violemment dans mon minou. Je pousse des cris stridents qui viennent tout droit de la bouche de mon minou.

(Elle pousse quelques cris suraigus.)

On m'emporte à l'hôpital et on me recoud la déchirure.

Souvenir : dix ans

Je suis chez mon père. Il fait une fête au-dessus. Tout le monde boit. Je joue toute seule au sous-sol et j'essaye un nouvel ensemble culotte soutien-gorge en coton blanc que la copine de mon père m'a offert. Tout à coup, Alfred, le meilleur ami de mon père, un géant, arrive par-derrière moi et m'arrache ma nouvelle culotte et fourre son gros machin tout dur dans mon minou. Je hurle. Je donne des coups de pied. J'essaye de le repousser, mais il est déjà dedans. Mon père arrive et il a un pistolet et il y a un bruit terrible et il y a du sang partout sur Alfred et sur moi, plein de sang. Je suis sûre que mon minou est brisé pour toujours. Alfred reste paralysé pour la vie et pendant sept ans ma maman m'empêche de voir mon père.

Souvenir : douze ans

Mon minou est un lieu maudit, un lieu de douleur, de saleté, d'horreurs, d'agression et de sang. Une zone de malédiction. Un endroit qui porte malheur. Je voudrais que ce soit une autoroute entre mes jambes et je partirais, loin, loin d'ici.

Souvenir : treize ans

Notre voisine est une ravissante jeune femme de vingt-quatre ans. J'arrête pas de la regarder. Un jour, elle me dit de monter dans sa voiture. Elle me demande si j'aime embrasser les garçons et je lui dis que j'aime pas ça. Alors, elle me dit qu'elle va me montrer un truc, et elle se penche sur moi et elle m'embrasse tellement délicatement, avec ses lèvres sur mes lèvres et elle glisse sa langue dans ma bouche. Waou ! Elle me demande si je veux venir chez elle, et à nouveau elle m'embrasse et me dit de me détendre, de ressentir les choses, de laisser nos langues se découvrir. Elle demande à maman si je peux venir passer la nuit chez elle et maman est toute contente qu'une aussi belle dame s'intéresse à moi. J'ai peur, mais j'ai hâte. Son appartement est génial. Elle a fait mettre du tissu sur les murs. C'est les années 70, il y a des perles partout, des coussins en peluche, des lumières tamisées. Et là, je décide que quand je serai grande je serai secrétaire comme elle. Elle se prépare une vodka et me demande ce que je veux boire. Je dis pareil qu'elle et elle me dit qu'elle croit que ma mère aimerait pas beaucoup que sa fille boive une vodka. Je dis qu'elle aimerait sûrement pas beaucoup non plus que sa fille embrasse des filles sur la bouche, alors elle me prépare une vodka. Puis elle se change, elle met un teddy en satin chocolat. Elle est vachement belle. Moi, j'avais toujours cru que les gouines étaient moches. Je lui dis « Vous êtes super », et elle me dit : « Toi aussi. » « Ouais, je dis, sauf que moi j'ai qu'un soutien-gorge et une petite culotte en coton blanc. » Alors, elle m'habille, lentement, avec un autre teddy en satin. Il est lavande comme un ciel de printemps. L'alcool m'est monté à la tête, je suis tout alanguie et prête. Au-dessus de son lit, il y a le poster d'une femme noire toute nue avec une énorme coiffure afro. Elle m'allonge doucement, lentement sur le lit et le frottement de nos corps, rien que le frottement de nos corps, me fait jouir. Puis elle me fait un tas de trucs, à moi et à mon minou, des trucs que j'avais toujours cru que c'était sale avant, et waou ! Je suis tellement excitée. Elle me dit : « Ton petit vagin sent si bon, il est si frais, je voudrais le garder comme ça pour toujours. » Je deviens dingue, complètement dingue et le téléphone sonne et c'est maman. Je suis sûre qu'elle sait. Elle sait toujours quand je fais quelque chose. Je suis tout essoufflée, j'essaye d'avoir l'air normale au téléphone. Elle me demande : « Qu'est-ce qui t'arrive ? T'as couru ? » Je lui dis : « Non, m'man, on fait des exercices, je prends un cours de culture physique. » Elle demande à parler à la jolie secrétaire, elle veut être sûre qu'il n'y a pas de mecs dans les parages et la dame lui dit : « Alors là, il n'y a pas un seul homme à l'horizon, vous pouvez me faire confiance. » Et après ça, la jolie dame m'apprend tout sur mon minou. Elle me fait jouer avec pendant qu'elle regarde et elle m'apprend tous les moyens de me donner du plaisir toute seule. Elle est super consciencieuse. Elle m'explique bien tout pour que j'aie jamais besoin des mecs. Le matin, j'ai peur d'être devenue une gousse tellement que je suis amoureuse d'elle. Ça l'a fait rire, mais je l'ai jamais revue. Bien sûr ce qu'elle faisait était mal… mais elle le faisait si bien. Plus tard, j'ai compris que je lui devais mon salut. Un salut surprenant, inattendu et politiquement parfaitement incorrect. Elle a transformé mon pauvre petit minou en un coin de paradis.

« Votre vagin, il sent quoi ? »

La terre.
Les ordures humides.
Dieu.
L'eau.
Un nouveau matin tout neuf.
L'immensité.
Le pain d'épice.
La sueur.
Ça dépend.
Le musc.
Moi.
Rien, d'après ce qu'on m'a dit.
L'ananas.
Un calice d'essences aromatiques.
Paloma Picasso.

La terre et le musc.

La cannelle et le girofle.

La rose.

Une forêt de jasmin musquée et épicée, profonde, très très profonde.

La mousse humide.

Un bon bonbon.

Le Pacifique Sud.

Quelque chose entre le poisson et le lilas.

La pêche.

Un sous-bois.

Un fruit mûr.

Le thé kiwi-fraise.

Le poisson.

Le paradis.

De l'eau avec du vinaigre.

Une liqueur douce et légère.

Le fromage.

L'océan.

Le sexe.

Une éponge.

Le commencement.

Réalité du vagin

Voici une réalité scandaleuse à propos du vagin, extraite du livre Technologie de l'orgasme *de Rachel Maines :*

La vente des vibromasseurs est interdite par la loi dans les États suivants : Texas, Géorgie, Ohio et Arkansas. Si vous vous faites prendre, vous risquez une amende de 10 000 dollars et un an de travaux forcés. En revanche, dans ces mêmes États, la vente des armes est parfaitement légale. Et pourtant, on n'a jamais vu un massacre collectif causé par un vibromasseur.

J'ai demandé à une petite fille de six ans :

« Si on habillait ton vagin, qu'est-ce qu'il mettrait ?

— Un tee-shirt rouge et une casquette de base-ball avec la visière en arrière. »

« S'il pouvait parler, qu'est-ce qu'il dirait ?

— Il dirait des mots commençant par des V et des T — tortue et violon par exemple. »

« Ton vagin te fait penser à quoi ?

— À une belle pêche à la peau sombre. Ou à un diamant que j'ai trouvé dans un trésor et qui n'appartient qu'à moi. »

« Qu'est-ce que ton vagin a de spécial ?

— Quelque part tout au fond de lui, il a un cerveau vraiment très très malin. »

« Ton vagin il sent quoi ?
— Les flocons de neige. »

Réalité du vagin

Au XIXe siècle, les petites filles qui apprenaient à développer leurs capacités orgasmiques par la masturbation étaient considérées comme des cas médicaux. Souvent on les « traitait » ou « corrigeait » par l'excision ou la cautérisation du clitoris ou encore « en créant une ceinture de chasteté miniature », c'est-à-dire en cousant ensemble les grandes lèvres pour mettre le clitoris hors de leur portée, et même par castration, avec ablation chirurgicale des ovaires. En revanche, il n'y a pas d'exemple dans la littérature médicale d'ablation chirurgicale des testicules ou d'amputation du pénis pour empêcher la masturbation chez les petits garçons.

Aux États-Unis, la dernière clitoridectomie à but curatif de la masturbation connue a été enregistrée en 1948 — sur une petite fille de cinq ans.

L'Encyclopédie des mythes et des secrets de la femme

Les professionnelles du sexe ont avec leur vagin un rapport à la fois riche, fascinant et complexe. Celle-ci n'allait qu'avec des femmes. Ce qu'elle a raconté était époustouflant.

La femme qui aimait rendre les vagins heureux

J'aime les vagins. J'aime les femmes. D'ailleurs, je ne parviens pas à dissocier les deux. Les femmes me payent pour les dominer, les exciter, les faire jouir. Je n'ai pas toujours fait ça. Non, loin de là. J'ai commencé comme avocate, mais vers la trentaine, donner du plaisir aux femmes est devenu chez moi une obsession. Il y a tant de femmes insatisfaites. Tant de femmes qui n'ont pas accès au plaisir sexuel. Ça a commencé comme une sorte de mission, et je m'y suis totalement investie. J'étais très forte à ce jeu, on peut même dire particulièrement brillante. C'était un Art, le mien. Alors, j'ai commencé à me faire payer. Et subitement le droit fiscal m'est apparu totalement inutile et profondément ennuyeux.

Dans ces exercices avec les femmes, je portais des tenues provocantes — de la dentelle, de la soie, du cuir — et j'utilisais des accessoires : des fouets, des menottes, des cordes, des godemichés. Dans le droit fiscal, il n'y avait rien de tout ça. Pas d'accessoires, pas d'excitation. En plus, les tailleurs bleu marine, symbole de la profession, me sortaient par les yeux. Bien sûr, il m'arrive encore parfois d'en porter dans mon nouveau métier et je dois dire qu'ils m'aident plutôt bien. Tout est une question de contexte. Mais dans le droit fiscal, il n'y avait ni accessoires ni tenues provocantes. Il n'y avait pas de moiteur. Il n'y avait pas de préliminaires complexes et mystérieux. Il n'y avait pas de pointes de seins en érection. Il n'y avait pas de bouches gourmandes et délicieuses. Mais surtout, surtout, il n'y avait pas de gémissements. En tout cas, pas les mêmes. Et c'est ça qui a été la clef, je le vois bien maintenant ; ce sont les gémissements qui m'ont séduite en fin de compte et qui ont fait que donner du plaisir aux femmes est devenu ma drogue. Quand j'étais petite fille et que je voyais des femmes faire l'amour dans des films, en poussant d'étranges gémissements orgasmiques, je riais bêtement. Je devenais étrangement hystérique. Je n'arrivais pas à croire que ces sons violents, impudiques et incontrôlables puissent venir d'une femme.

Je crevais d'envie de gémir. Je m'entraînais devant mon miroir, je m'enregistrais sur des cassettes. Je gémissais dans des styles différents, des tonalités différentes, parfois avec des trémolos de chanteuse d'opéra, parfois avec des intonations plus réservées, presque un refus de toute expression. Mais à chaque fois, quand je me repassais la cassette, ça sonnait faux. *C'était* faux. Parce que en réalité ça ne venait pas de quelque chose de sexuel, mais seulement de mon envie d'être sexuel.

Et puis un jour, j'avais dix ans, j'ai eu une terrible envie de faire pipi. C'était pendant un voyage en voiture. Ça faisait près d'une heure que je me retenais et quand enfin j'ai pu aller dans les toilettes crasseuses d'une petite station-service, j'étais tellement excitée que j'ai joui. J'urinais et je gémissais en même temps. Je n'arrivais pas à le croire, moi en train de gémir dans une station Total au fin fond d'un trou perdu. Et là, j'ai compris que les gémissements viennent quand on n'obtient pas tout de suite ce qu'on désire, quand on retarde les choses. J'ai compris que les gémissements sont bien meilleurs quand ils vous arrivent par surprise ; qu'ils viennent de cette partie de nous-mêmes mystérieuse et cachée qui parle notre propre langage. J'ai compris que les gémissements n'étaient, en fait, rien d'autre que ce langage.

Et je suis devenue une gémisseuse. J'angoissais les mecs. Franchement, je les terrorisais. Je hurlais et ça les empêchait de se focaliser sur ce qu'ils étaient en train de faire. D'abord, ils perdaient leur concentration. Et puis ils perdaient tout le reste. Quand on était chez des gens, on ne pouvait pas faire l'amour. Les murs n'étaient jamais assez épais. J'avais une sale réputation dans mon immeuble et, dans l'ascenseur, les gens me jetaient des regards offusqués. Les hommes me trouvaient trop hystérique, certains me traitèrent de malade.

J'ai commencé à me sentir gênée par mes gémissements. Je me suis calmée et j'ai essayé de me tenir convenablement. Je hurlais la bouche dans l'oreiller. J'ai appris à étouffer mes gémissements, à les retenir comme un éternuement. Et je me suis mis à avoir des migraines et des troubles de toutes sortes dus au stress. J'avais perdu tout espoir, et là, j'ai découvert les femmes. J'ai découvert que la plupart d'entre elles aimaient mes gémissements, mais, plus important encore, j'ai découvert à quel point j'étais excitée quand une autre femme gémissait, non, pardon, quand je faisais gémir une autre femme. Et c'est devenu une espèce de passion.

Trouver la clef, pour rendre sa voix au vagin, pour libérer cette voix, ce chant sauvage.

J'ai fait l'amour à des femmes habituellement silencieuses et j'ai réussi à atteindre ce point au plus profond d'elles et elles étaient choquées par leurs propres gémissements. J'ai fait l'amour à des femmes qui savaient ce que c'était qu'un gémissement et je leur ai fait atteindre des gémissements plus profonds, plus intenses, qu'elles n'imaginaient même pas. Je devins obsédée. Je n'avais plus qu'une envie, faire gémir les femmes, en avoir le contrôle : comme un chef d'orchestre.

C'était un peu comme de la chirurgie, un art délicat, pour trouver le bon tempo, le point exact, le gîte du gémir. J'appelais ça comme ça.

Parfois, je le trouvais au travers de la toile du jean. Parfois, je tombais dessus en secret, je déconnectais tranquillement l'alarme qui le protégeait et j'entrais. Parfois je me servais de la force, attention pas la force brutale, oppressive, non, plutôt une force dominatrice, dans le genre « viens, je t'emmène quelque part, ne t'inquiète pas, couche-toi et profite du voyage ». Parfois c'était tout simple, je tombais sur le gémissement avant même que les choses sérieuses aient commencé, tout en picorant une feuille de salade ou un morceau de poulet avec mes doigts, sans y penser. « Comme ça, à la bonne franquette », dans la cuisine, le tout mélangé à la vinaigrette. Parfois, j'utilisais des accessoires — j'adore les accessoires — parfois, j'obligeais la femme à trouver son gémissement toute seule. J'attendais, patiente, jusqu'à ce qu'elle se libère d'elle-même. Je ne me laissais pas avoir par des petits gémissements faciles. Non, je l'obligeais à aller jusqu'au bout, à donner à son gémissement toute sa puissance.

Il y a le gémissement clitoridien — *(elle illustre : un son doux)* —, le gémissement vaginal — *(un son de gorge profond)* —, le combiné clito-vaginal — *(elle le fait)* —, il y a le pré-gémissement — *(un son à peine audible)* —, le presque gémissement — *(un son enveloppant)* —, le gémissement décidé — *(un son précis et plus profond)* —, le gémissement chic — *(un son sophistiqué et rieur)* —, le gémissement Madonna — *(un son de chanteuse de rock)* —, le gémissement XVIe arrondissement — *(pas de son)* —, le gémissement semi-religieux — *(un son comme la prière chantante d'un muezzin)* —, le gémissement juif — *(noooooooooooon !)* —, le gémissement afro-américain *(Oh ! merde !)* —, le gémissement catholique irlandais *(Pardon, mon Dieu !)* —, le gémissement montagnard — *(un son tyrolien yodlant)* —, le gémissement bébé — *(un son comme un gazouillement de bébé)* —, le gémissement petit chien — *(un son comme un halètement de chien)* —, le gémissement soirée d'anniversaire *(un bruit de fête d'enfer)* —, le gémissement inopiné — *(un son étonné)* —, le gémissement militante bisexuelle totalement libérée — *(un son profond, agressif, martelant)* —, le gémissement mitraillette — *(le son d'une mitraillette)* —, le gémissement zen torturé — *(un son affamé et tordu)* —, le gémissement diva — *(une note d'opéra suraiguë)* —, le gémissement doigt de pied écrasé *(un cri de douleur)* —, et pour finir le gémissement triple orgasme qu'on n'attendait pas — *(ad libitum)*.

J'avais fini d'écrire ce spectacle depuis quelques mois quand je me suis brusquement rendu compte qu'il n'y avait rien sur la naissance. Cette omission m'a paru bizarre. Encore que, relatant récemment ce fait à un journaliste, il m'a dit : « Ah oui ? Et où est le rapport ? »

Il y a longtemps, j'ai adopté un fils qui avait relativement peu de différence d'âge avec moi. Pendant que j'écrivais ceci, sa femme a eu un bébé. Elle m'a demandé d'assister à la naissance. Je crois qu'au cours de mon enquête, je n'avais pas vraiment compris les vagins avant ce moment-là. Ça faisait environ vingt-cinq mois qu'ils me plongeaient dans une profonde admiration. Mais depuis ce jour, je leur voue une adoration véritablement religieuse.

J'ai écrit ce monologue pour ma belle-fille.

J'étais là, dans la salle

J'étais là, dans la salle, quand son vagin s'est ouvert.

Nous étions tous là, sa mère, son mari et moi,

Et la sage-femme à l'accent russe, avec toute sa main

Plongée dans son vagin, palpant et tournant avec son gant

En caoutchouc tout en bavardant avec nous

Comme si elle essayait de débloquer un robinet.

J'étais là, dans la salle, quand les contractions L'ont fait se tordre,

Et pousser par tous ses pores des gémissements inconnus

J'étais là encore, après des heures, quand elle a poussé soudain un cri sauvage,

Battant avec ses bras l'air électrique.

J'étais là quand son vagin s'est transformé,
D'humble orifice sexuel
En passage plus vieux que la nuit des temps, en un vaisseau sacré,
En un canal vénitien, en une source profonde avec un tout petit enfant blotti en son milieu
Et qui attendait qu'on le délivre.

J'ai vu les couleurs de son vagin. Elles étaient changées.
J'ai vu le bleu des hématomes,
Le rouge vif des boursouflures,
Les gris-rose — les ombres.
J'ai vu le sang perler sur le bord comme une sueur,
J'ai vu le jaune, les humeurs blanches, la merde, les caillots
Jaillir de partout, pendant qu'elle poussait plus fort, encore plus fort.
J'ai vu dans ce trou béant, la tête du bébé,
Rayée de cheveux noirs, je l'ai vue, là, juste derrière l'os,

Souvenir dur et rond,
Pendant que la sage-femme à l'accent russe
tournait et retournait
Sa main gluante.

J'étais là quand sa mère et moi
Lui avons tenu chacune une jambe et résisté
De toutes nos forces à ses énormes poussées
Et son mari qui comptait inexorablement
« Un, deux, trois »,
Lui disant de se concentrer… « Mieux que
ça ! »
Nous regardions en elle.
Ne pouvant détacher nos regards de ce point,
là.

Tous, autant que nous sommes, nous avons
oublié le vagin.
Comment expliquer autrement
Ce manque d'admiration, ce manque de
vénération pour lui.

J'étais là quand le docteur
Est entré avec ses étranges cuillers,

Là encore, quand son vagin s'est transformé
en une grande bouche de soprano
    Chantant de toutes ses forces.
    La petite tête d'abord, puis le petit bras
blême élastique, et puis le corps nageant vite
    Vite vers nos bras ruisselants.

    J'étais là quand plus tard, m'étant retournée,
je me suis retrouvée en face de son vagin.
    Et moi debout, je l'ai vue
    Elle allongée sur le dos, complètement bri-
sée,
    Meurtrie, tuméfiée, déchirée,
    Saignant sur les mains du docteur
    Qui tranquillement la recousait.

    J'étais là, debout, et son vagin, soudain,
    M'est apparu comme un grand cœur rouge
qui battait.

    Le cœur est capable de sacrifice.
    Le vagin aussi.
    Le cœur est capable de pardonner et de répa-
rer.

Il peut changer sa forme pour nous laisser entrer.

Se dilater pour nous laisser sortir.

Le vagin aussi.

Il peut souffrir pour nous, s'ouvrir pour nous, mourir pour nous

Et saigner pour nous dans ce monde difficile et merveilleux.

Le vagin aussi.

J'étais là, dans la salle.

Je me souviens.

Post-scriptum

Aimer les femmes, aimer nos vagins, les connaître et les toucher, se familiariser avec ce que nous sommes et avec ce dont nous avons besoin. Arriver à nous satisfaire nous-mêmes, apprendre à nos amants à nous satisfaire, être présentes dans nos vagins, parler d'eux à haute voix, parler de leur appétit et de leur souffrance, de leur solitude et de leur humour, faire qu'ils soient bien visibles pour qu'on ne puisse plus impunément les saccager dans l'ombre, et pour que ce qui est notre clef de voûte, notre épicentre, notre essence, notre rêve ne soit pas plus longtemps brimé, mutilé, paralysé, brisé, invisible ou honteux.

« Vous devez parler de la façon dont on entre dans un vagin », m'a dit un jour une des femmes que j'ai interviewées. Et j'ai répondu : *« Allons-y, entrons. »*

Le Manifeste d'Eve Ensler
en hommage aux Guerrières du Vagin

Ce texte a été écrit par Eve Ensler, pour célébrer les Guerrières du Vagin partout dans le monde, à l'occasion du « V-Day ».

Je me suis assise avec des femmes dans des usines décrépites à Juarez, dans des asiles délabrés au fin fond de petites ruelles au Caire, dans des centres de planning familial de fortune pour femmes et adolescentes à Jérusalem, Johannesburg, Pine Ridge et Watts, dans des villas à Hollywood, dans des jardins ravagés par le feu au Kosovo et à Kaboul, au milieu de la nuit avec des prostituées dans une fourgonnette roulant sur le périphérique à Paris. Parfois ces rencontres se prolongeaient pendant des heures ; une fois, avec une jeune esclave sexuelle bulgare de dix-sept ans, nous avons pu nous parler trente-cinq minutes avant que son maquereau ne vienne la chercher. J'ai entendu des histoires bouleversantes de violence — viols de guerre, viols dans des tournantes, viols en réunion, viols autorisés, viols familiaux. J'ai vu de mes yeux les stigmates de la brutalité — yeux au beurre noir, brûlures de cigarette sur des bras et des jambes, un visage fondu, des bleus, des entailles, des balafres et des os brisés. J'ai vu des femmes vivre privées des choses les plus essentielles — la vue du ciel, du soleil, un toit, de la nourriture, des parents, un clitoris, la liberté. Je me trouvais là quand des crânes venaient s'échouer sur les rives des fleuves, et quand on a découvert des corps de femmes nus et mutilés dans des fossés. J'ai vu le pire. Le pire vit dans mon corps. Mais à chacune de ces expériences, toujours, j'étais escortée, transportée et transformée par un guide, visionnaire, activiste, combattant révolté et utopiste. J'ai appris à connaître et reconnaître ces femmes (et parfois ces hommes) pour ce qu'elles sont : des Guerrières du Vagin.

C'est Zoya, la première qui m'a emmenée dans les camps boueux des réfugiés afghans au

Pakistan ; c'est Rada qui m'a traduit les récits des femmes réfugiées, tandis que nous traversions la Bosnie déchirée par la guerre ; c'est Megan qui a organisé et dirigé une manifestation provagin sur un campus gelé dans le Michigan ; c'est Igo qui faisait des blagues sur les mines pendant que nous roulions dans sa jeep sur les routes de l'après-guerre dans la région autour de Pristina, au Kosovo ; c'est Esther qui m'a conduite sur les tombes marquées de croix roses à Juarez, au Mexique ; c'est Agnès qui m'a ouvert le chemin, au milieu de jeunes filles massaïs vêtues de rouge, chantant et dansant, pour célébrer l'ouverture du premier Refuge V-Day pour les jeunes femmes qui veulent fuir les mutilations génitales.

J'ai d'abord pensé que c'était une espèce d'individus assez rares, des femmes à part, qui avaient été violées ou qui avaient connu des souffrances telles qu'elles n'avaient plus d'autre choix que d'agir. Mais après cinq années de voyages, et après avoir visité quarante pays, un modèle m'est apparu, celui d'une espèce en pleine évolution. Les Guerrières du Vagin sont partout. En ces temps de violence crois-

sante et explosive sur la planète, ces Guerrières sont en train de générer un nouveau
paradigme.

Bien que, prises séparément, ces Guerrières
du Vagin soient uniques au plus haut point,
elles possèdent toutes certaines caractéristiques
communes bien définies :

Elles sont acharnées, obsédées, passionnées,
et surtout, on ne peut pas les arrêter.

Elles ne sont plus retenues par les conven-
tions sociales ou inhibées par des tabous. Elles
n'ont pas peur d'être seules, elles n'ont pas peur
d'être ridiculisées, elles n'ont pas peur d'être
attaquées. Elles sont toujours prêtes à affronter
n'importe quoi pour assurer la sécurité des
autres.

Elles adorent danser.

Elles sont mues par une vision, et non pas
menées par une idéologie.

Elles sont citoyennes du monde. Elles chéris-
sent l'humanité plus que la nationalité.

Elles ont un sens de l'humour redoutable.
J'ai vu une activiste palestinienne raconter des
blagues à un soldat israélien qui pointait un
fusil-mitrailleur sur elle, pendant qu'elle tentait

de passer un point de contrôle. Elle l'a littéralement désarmé grâce à son humour.

Les Guerrières du Vagin savent que la compassion est la forme la plus profonde de la mémoire.

Elles savent que ce n'est pas le châtiment qui fait cesser l'arbitraire. Elles savent qu'il est plus important de créer un espace où le meilleur peut se produire, plutôt que « de faire apprendre une leçon aux gens ». J'ai rencontré une activiste extraordinaire à San Francisco, une ancienne prostituée qui avait subi des sévices sexuels lorsqu'elle était enfant. À présent, elle collabore avec l'administration pénitentiaire et elle a créé un atelier thérapeutique, qui aide les proxénètes et les violeurs incarcérés à affronter leur solitude, leur insécurité et leur détresse.

Les Guerrières du Vagin ne seront plus jamais des victimes. Elles savent qu'elles n'ont de secours à attendre de personne. D'ailleurs, elles ne voudraient pas qu'on vienne à leur secours.

Elles ont éprouvé la rage, la dépression, le désir de vengeance. Elles les ont transformés en deuil, et en besoin de servir. Elles ont affronté leur propre nuit. Elles vivent dans leur corps.

Ce sont des bâtisseuses de communautés. Elles laissent tout le monde y venir.

Les Guerrières du Vagin ont une grande capacité à vivre avec l'ambiguïté. Elles peuvent avoir en même temps deux avis contraires sur la même question. J'ai pris conscience de cette qualité pour la première fois durant la guerre de Bosnie. Dans un camp de réfugiés, j'interviewais une activiste musulmane dont le mari avait été décapité par un Serbe. Je lui ai demandé si elle haïssait les Serbes. Elle m'a regardée comme si j'étais folle. « Non, non, je ne hais pas les Serbes, m'a-t-elle dit, si je devais haïr les Serbes, ça voudrait dire que les Serbes auraient gagné. »

Les Guerrières du Vagin savent qu'après la violence, le processus de guérison est long, et se déroule en plusieurs phases. Elles *donnent* ce dont elles *ont le plus besoin*, et en le donnant elles guérissent et redonnent vie à la partie blessée à l'intérieur d'elles-mêmes.

Beaucoup de Guerrières du Vagin travaillent surtout sur le terrain, à la base. Parce que ce qui est fait aux femmes l'est souvent dans l'isolement et demeure secret, les Guerrières du Vagin œuvrent à rendre visible l'invisible. Mary, à Chicago, se bat pour les droits des femmes de couleur, afin qu'elles ne soient plus ni méprisées ni soumises à la violence ; Nighat a pris le risque d'être frappée d'indignité publique et de subir la lapidation au Pakistan pour avoir produit *Les Monologues du vagin* à Islamabad, afin que ces paroles et ces émotions de femmes soient dites ; Esther exige que les centaines de jeunes femmes disparues à Juarez soient honorées et ne tombent pas dans l'oubli.

Chez les Indiens d'Amérique, un guerrier est quelqu'un dont la responsabilité première est de protéger et de sauvegarder la vie. La lutte pour mettre fin à la violence est une guerre permanente. Émotionnelle, intellectuelle, spirituelle, physique. Elle demande toute notre force, notre courage, notre acharnement. Cela signifie parler quand tout le monde dit de se taire. Cela signifie tenir la distance, pour qu'un jour enfin les coupables soient confrontés à leurs actes. Cela signifie exiger la vérité même si pour cela il faut perdre sa famille, sa patrie, ses amis. Cela signifie développer la force d'esprit nécessaire pour plonger et survivre dans les tourments que cette violence provoque et pour, dans cet espace dangereux, fait d'inconnu terrifiant, acquérir une sagesse plus profonde.

Comme les Vagins, ces Guerrières sont le centre de l'existence humaine, mais elles sont encore trop largement sous-estimées et anonymes. Chaque année le V-Day sert à célébrer ces Guerrières du Vagin de par le monde. Ce faisant, nous voulons reconnaître ces femmes et rendre hommage à leur travail. Dans chaque communauté, il y a d'humbles activistes qui œuvrent chaque jour, au coup par coup, pour détruire la souffrance. Elles sont assises auprès des lits dans les hôpitaux, elles font voter de nouvelles lois, elles scandent des mots tabous, elles rédigent des pétitions ennuyeuses, elles récoltent des fonds, elles manifestent ou défilent en silence dans les rues. Elles sont nos mères, nos filles, nos sœurs, nos tantes, nos grand-mères, nos meilleures amies. Toute femme a une guerrière en elle, qui attend de naître. Pour permettre à un monde sans violence d'exister, dans cette époque de danger et de folie grandissante, nous leur demandons de se montrer au grand jour. Qu'elles soient honorées et vues. Pour que, grâce à leur exemple, d'autres naissent encore et encore.

*Achevé d'imprimer
sur Roto-Page
par l'Imprimerie Floch
à Mayenne, en février 2008.
Dépôt légal : février 2008.
1ᵉʳ dépôt légal : septembre 2005.
Numéro d'imprimeur : 70560.*

ISBN 978-2-207-25755-5 / Imprimé en France.

159535